desafi.os

Escravidão
ainda existe?

Edimar Araujo Silva
Sandra Angélica Gonçalves
José Wagner de Melo Costa Sousa

1ª edição
2019

© EDIMAR ARAUJO SILVA, SANDRA ANGÉLICA GONÇALVES,
JOSÉ WAGNER DE MELO COSTA SOUSA, 2019

EDIÇÃO DE TEXTO: Lisabeth Bansi, Patrícia Capano Sanchez
COORDENAÇÃO DE EDIÇÃO DE ARTE: Camila Fiorenza
DIAGRAMAÇÃO E CAPA: Michele Figueredo
ILUSTRAÇÕES E GRÁFICOS: Ligia Duque
IMAGENS DE CAPA: Carvoaria: ©structuresxx/Shutterstock;
Mão: ©Dhiraj Singh/Bloomberg/Getty Images; Textura: ©ilolab/Shutterstock
COORDENAÇÃO DE REVISÃO: Elaine C. del Nero
REVISÃO: Palavra Certa
COORDENAÇÃO DE ICONOGRAFIA: Luciano Baneza Gabarron
PESQUISA ICONOGRÁFICA: Cristina Mota, Etoile Shaw
COORDENAÇÃO DE *BUREAU*: Rubens M. Rodrigues
TRATAMENTO DE IMAGENS: Marina M. Buzzinaro, José Fernando Bertolo, Luiz Carlos Costa
PRÉ-IMPRESSÃO: Vitória Sousa
COORDENAÇÃO DE PRODUÇÃO INDUSTRIAL: Wendell Jim C. Monteiro
IMPRESSÃO E ACABAMENTO: Log&Print Gráfica, Dados Variáveis e Logística S.A.

Lote: 791016
Código: 12121105

Dados Internacionais de Catalogação na Publicação (CIP)
(Câmara Brasileira do Livro, SP, Brasil)

Silva, Edimar Araujo
 Escravidão ainda existe? / Edimar Araujo Silva,
Sandra Angélica Gonçalves, José Wagner de Melo Costa
Sousa. – 1. ed. – São Paulo: Moderna, 2019. – (Coleção Desafios)

Bibliografia.
ISBN 978-85-16-12110-5

1. Escravidão – Brasil – História 2. Trabalhadores
– Condições sociais 3. Trabalho – Leis e legislação – Brasil
4. Trabalho escravo – Brasil I. Gonçalves, Sandra Angélica.
II. Sousa, José Wagner de Melo Costa. III. Título. IV. Série.

19-26562   CDD-306.362

Índice para catálogo sistemático:
1. Trabalho escravo : Sociologia do trabalho 306.362

Maria Paula C. Riyuzo - Bibliotecária - CRB-8/7639

REPRODUÇÃO PROIBIDA. ART. 184 DO CÓDIGO PENAL E LEI Nº 9.610, DE 19 DE FEVEREIRO DE 1998

Todos os direitos reservados
EDITORA MODERNA LTDA.
Rua Padre Adelino, 758 – Belenzinho
São Paulo – SP – Brasil – CEP 03303-904
Vendas e atendimento: Tel. (11) 2790-1300
www.modernaliteratura.com.br
2024
Impresso no Brasil

Sumário

Introdução, 4

1. Trabalho escravo às escondidas, 5

2. *Homo faber*, o homem que faz, 10

3. Trabalhar é preciso, 17

4. Brasil República: muito por fazer, 24

5. Opressão urbana e rural, 30

6. Quebrando o ciclo, 45

Enfim... Uma nova sociedade, 60

Referências bibliográficas, 62

Sobre os autores, 64

Introdução

VOCÊ LEU O TÍTULO DESTE LIVRO, CERTO? Então, pode estar pensando: *Será que ele está correto? Acho que os autores não conhecem História do Brasil. Eu aprendi que a Lei Áurea, que aboliu a escravidão em nosso país, foi assinada pela Princesa Isabel em 1888!*

Seria muito bom que você estivesse certo em seus pensamentos. Infelizmente, a realidade é bem diferente.

No Brasil, e em muitos outros lugares do nosso planeta, a prática de escravizar pessoas, de forma semelhante ao que acontecia entre os séculos XVI e XIX, é ainda bastante comum.

Apesar de haver leis que proíbem o trabalho escravo, a superexploração de pessoas continua a existir, embora disfarçadamente. Às vezes, é algo que nos parece tão natural que nem percebemos. No seu bairro, ou mesmo ao lado de sua casa, neste momento, alguém pode estar sendo superexplorado.

Então, é provável que, agora, você esteja se perguntando:

> **Por quê? Como? Onde o trabalho escravo é praticado? Se existem leis, por que não são cumpridas? O que fazer?**

Tantas perguntas!

Algumas respostas você poderá encontrar durante a leitura deste livro.

1. Trabalho escravo às escondidas

A ESCRAVIDÃO MARCOU UM DOS PERÍODOS mais tristes e cruéis de nossa História. Aprendemos que, no século XIX, com a Lei Áurea, assinada pela Princesa Isabel, os escravos foram libertos e a escravidão terminou. A realidade, no entanto, é bem diferente.

Estamos no século XXI. Apesar da alta tecnologia que faz parte de nossa sociedade, ainda nos deparamos com pessoas que escravizam outras.

A escravidão, nos diais atuais, é uma prática invisível, ou seja, escondida, e faz parte da vida de um grande número de pessoas, em vários lugares do mundo.

OS EXPLORADORES TRABALHISTAS DO SÉCULO XXI

Os trabalhadores, em geral, desconhecem seus direitos ou se sentem incapazes de reivindicá-los, pois, além de serem ameaçados física e moralmente, precisam garantir a própria sobrevivência e a de suas famílias.

Sabendo disso, pessoas sem escrúpulos obrigam indivíduos ou grupos de indivíduos a trabalharem de forma exaustiva, em condições desumanas e degradantes. Por exemplo, nas zonas rurais existem fazendas em que trabalhadores são tratados de forma semelhante aos escravos do século XIX.

Muitos fazendeiros afirmam não saber o que acontece em suas fazendas. A Constituição Federal de 1988, no entanto, é clara ao responsabilizá-los pelo descumprimento das leis trabalhistas em suas propriedades.

Por lei, os empregadores precisam – e devem – estar cientes de tudo o que acontece com seus trabalhadores. Obrigatoriamente, devem cumprir as normas estabelecidas pela CLT (Consolidação das Leis do Trabalho).

Em 2016, o Brasil foi responsabilizado internacionalmente por tolerar a prática do trabalho escravo pós-moderno, sendo o primeiro país condenado pela Corte Interamericana de Direitos Humanos (CIDH) – uma instituição da Organização dos Estados Americanos (OEA) – por não prevenir a escravidão em sua forma moderna.

> Para a CIDH, a escravidão moderna "se manifesta nos dias de hoje de várias maneiras, mas mantendo certas características essenciais comuns à escravidão tradicional, como o exercício do controle sobre uma pessoa através da coação física ou psicológica de tal forma que implique a perda de sua autonomia individual e a exploração contra sua vontade".
>
> Álvaro Murillo. *Brasil recebe a primeira condenação da CIDH por escravidão*. Disponível em: https://brasil.elpais.com/brasil/2016/12/16/internacional/1481925647_304000.html.

Às vezes, o trabalho análogo à escravidão é algo que nos parece tão natural que nem percebemos. Os trabalhos domésticos, por exemplo. Muitos direitos trabalhistas, regulamentados pela CLT, não se aplicavam aos trabalhos domésticos até 2013, quando houve a reforma trabalhista.

Antes da mudança na legislação, o trabalhador doméstico que morava no local do serviço não tinha um horário livre claramente definido. Muitas vezes acordava antes dos patrões e ia dormir depois deles. Além disso, não tinha direitos como o Fundo de Garantia por Tempo de Serviço (FGTS) e receber pelas horas extras.

O filme *Que horas ela volta?*, lançado em 2015, conta a história da pernambucana Val, que se muda para São Paulo e vai trabalhar como doméstica. Com roteiro e direção de Anna Muylaert e Regina Casé, o filme leva à reflexão sobre as relações pessoais e de trabalho entre a família empregadora e o trabalhador doméstico.

> Devido às semelhanças com o trabalho escravo do passado, atualmente é utilizada a expressão **trabalho análogo à escravidão** para se referir à exploração pós-moderna. Mas nem todos concordam com essa expressão e preferem usar outros termos:

- SEMIESCRAVIDÃO
- ESCRAVIDÃO
- TRABALHO DEGRADANTE
- TRABALHO HUMILHANTE
- TRABALHO ESCRAVO
- SUPEREXPLORAÇÃO
- TRABALHO PENOSO
- TRABALHO FORÇADO

EXPLORAÇÃO PÓS-MODERNA

O TRABALHO ESCRAVO HOJE

Os escravos do século XXI, tanto adultos quanto crianças, executam suas tarefas amontoados em oficinas de costura camufladas em inúmeras casas, em carvoarias, em canaviais e na extração de produtos vegetais e minerais.

Por ser crime, a atual escravidão é diferente daquela que conhecemos nos livros de História do Brasil, em que homens de chapéus largos, botas de cano alto e um chicote na mão exploravam abertamente sua mão de obra.

Nos livros de História, esses exploradores eram chamados de senhores de engenho ou barões do café; na roça, os trabalhadores costumavam chamá-los de "coroné". (*Retrato equestre do Visconde do Rio Preto e seu pagem*, c. 1855. Óleo sobre tela).

Hoje, a escravidão existe na obscuridade, às escondidas. Embora muitas pessoas trabalhem sob a mira de uma arma, em regiões distantes dos centros urbanos, não é mais o açoite que intimida e, sim, o medo de perder um trabalho que garanta, pelo menos, matar a fome ao final do dia. Trabalho que muitas vezes é de "tirar o couro" do trabalhador.

Uma das ameaças feitas pelos "patrões" aos trabalhadores semiescravos estrangeiros é denunciar à polícia a situação ilegal que essas pessoas vivem em nosso país. Nesse caso, a penalidade é mandá-los de volta ao país de origem, onde as condições de vida são piores do que as do Brasil. Na cidade de São Paulo, por exemplo, há muitos imigrantes que trabalham nessas condições.

Muitas vezes o desemprego leva as pessoas a abrir mão de seus direitos. São vítimas da desinformação e da pobreza para as quais as conquistas instituídas em lei, como o direito a um salário mínimo e à jornada máxima de trabalho, não existem.

Como esse tipo de injustiça continua a existir no Brasil?

2. *Homo faber*, o homem que faz

AO SAIR DE CASA PODEMOS OBSERVAR PESSOAS andando de cá para lá, trabalhando ou, simplesmente, esperando o tempo passar. É gente atravessando o asfalto, andando nas calçadas, dentro de lojas, comprando ou vendendo mercadorias enquanto outras entram ou saem de fábricas, escritórios, comércios... Enfim, produzindo ou vendendo praticamente tudo o que utilizamos no dia a dia.

Podemos ver, também, milhares de trabalhadores informais, aqueles sem registro na carteira profissional e, muitas vezes, sem autorização das prefeituras para exercer essa atividade. Nas calçadas, junto com as pessoas que passam, estão os camelôs, que colocam inúmeros objetos para serem vendidos em cima de lonas ou tabuleiros de madeira.

Nos semáforos, com frequência há crianças e adultos vendendo água, balas ou carregadores de celular, limpando para-brisas, entregando papéis com propagandas comerciais etc.

Nos trens, metrôs e ônibus, ambulantes vendem chocolates, fones de ouvido, balas e outros produtos.

Quantas mercadorias diferentes circulam em nosso dia a dia, não é? Mas quantas pessoas trabalham para produzi-las?

Nas estradas, pelo Brasil afora, o viajante atento também pode ver pessoas com muito suor no rosto e calos nas mãos, lidando com plantações a perder de vista, tocando gado, trabalhando com enxada, foice ou picareta. São os trabalhadores rurais.

Esses trabalhadores são importantes para nosso país?
A vida deles é fácil ou difícil? O que você acha?

LEI *VERSUS* TRABALHO SEMIESCRAVO

A Constituição de nosso país nos diz, em seu artigo 5º, inciso XV, que "é livre a locomoção no território nacional em tempo de paz, podendo qualquer pessoa, nos termos da lei, nele entrar, permanecer ou dele sair com seus bens". (Constituição da República Federativa do Brasil de 1988.)

Então, por lei, todas as pessoas são livres para ir ou para ficar. Quem dera isso fosse mesmo verdade! Quem dera todos respeitassem a lei!

Se fôssemos moscas entrando pelas janelas abertas de construções e oficinas de costura, nas cidades, ou abelhas voando em fazendas, pelo campo, veríamos como, entre os humanos, a liberdade é uma mercadoria que pode ser comprada, vendida e, até mesmo, roubada.

Força-tarefa resgata 86 "escravos" na fazenda de café em Goiás

Redação - 11 de agosto 2018 | 10h

Uma operação do grupo móvel de trabalho escravo resgatou 86 trabalhadores da colheita de café, submetidos a condições análogas às de escravo, em uma fazenda no município de Sítio D'Abadia, interior de Goiás. [...] Segundo o procurador do MPT no Piauí Edno Carvalho Moura, que atuou na fiscalização, "os trabalhadores foram encontrados em situação degradante, dormindo em colchões velhos e rasgados, no chão, juntamente com mulheres e até crianças, em alojamentos em total discordância com a norma". Moura revela, ainda, que não havia banheiros suficientes e foi flagrada a aplicação de agrotóxicos diretamente na plantação no momento em que os trabalhadores estavam na colheita do café, sem qualquer equipamento de proteção individual. [...]

Fonte: *Estadão*. Disponível em: https://politica.estadao.com.br/blogs/fausto-macedo/forca-tarefa-resgata-86-escravos-na-fazenda-de-cafe-em-goias/.

A notícia do jornal nos diz que os trabalhadores da fazenda de café não tinham seus direitos garantidos e viviam em condições insalubres. No local havia também menores de idade.

Sendo comprovados os fatos relatados, o dono dessa fazenda terá cometido um crime.

LIBERDADE E HABILIDADES HUMANAS

Em vários momentos da História, é possível perceber que, para manter o direito à liberdade, muitas pessoas tiveram e ainda têm de lutar.

Qual é o motivo disso?

Uma resposta concreta e exata para essa questão é bastante difícil. Mas, possivelmente, tudo começou com a descoberta do fogo. Vamos voltar alguns milhões de anos na História.

Os primeiros humanos, desde o início de sua existência, passaram por muitas mudanças genéticas e por adaptações ao ambiente, até chegar ao *Homo sapiens* – nome dado pelos cientistas a nossa espécie. Uma dessas mudanças foi a capacidade de andar sobre os dois pés de forma ereta, deixando as mãos livres para realizarem outras atividades como, por exemplo, carregar os alimentos ou segurar instrumentos para se defender dos animais.

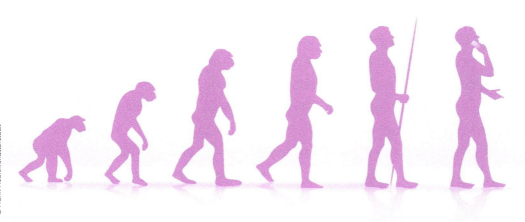

Observe suas mãos. Elas possuem uma característica importante: o polegar está um pouco mais afastado dos outros dedos e pode se mover na direção deles.

Essa característica torna possível pegar objetos de diferentes tamanhos, com precisão e força. Podemos, por exemplo, tocar um instrumento, colocar a linha em uma agulha ou usar um martelo com segurança e eficiência.

Nesse processo evolutivo, houve também o desenvolvimento do cérebro, da capacidade de raciocínio, da inteligência, da linguagem e, portanto, da capacidade de comunicação no meio social. Mas o que tudo isso tem que ver com a descoberta do fogo?

O fogo mudou o modo de vida de nossos ancestrais. Eles passaram a cozinhar os alimentos, aumentando a ingestão de nutrientes, o que levou ao desenvolvimento do cérebro e, consequentemente, à capacidade de raciocínio e inteligência. Começaram a utilizar o fogo para produzir ferramentas cada vez mais complexas e de diferentes materiais, levando à criação de novas tecnologias.

As pessoas daquela época, que antes eram nômades, isto é, viviam se mudando de um lugar para outro em busca de alimentos, começaram a se estabelecer em um único lugar. Desenvolveram a agricultura e formaram pequenos grupos sociais que, com o decorrer do tempo, transformaram-se em vilas, depois cidades, civilizações da antiguidade e impérios. A partir daí, aqueles que, por vários motivos, foram considerados líderes, reis, rainhas, imperadores e governantes passaram a administrar os locais e a vida de milhões de seres humanos, explorando sua capacidade produtiva.

> "... a partir de 70 mil anos atrás, o *Homo sapiens* começou a fazer coisas muito especiais [...] testemunhou a invenção de barcos, lâmpadas a óleo, arcos, flechas e agulhas (essenciais para costurar roupas quentes). Os primeiros objetos que podem ser chamados de arte e joalheria datam dessa era, assim como os primeiros indícios incontestáveis de religião e estratificação social."
>
> HARARI, Yuval Noah. *Sapiens:* uma breve história da humanidade. 9. ed. Porto Alegre: L&PM, 2016, p. 28-29.

Quanto mais as ferramentas de trabalho eram aperfeiçoadas, tanto mais se ampliava a produtividade e a ambição do ser humano. Diante do avanço do desenvolvimento das habilidades e do cérebro humano, alguns filósofos passaram a utilizar a expressão *homo faber* para se referir às pessoas com essas capacidades.

Recebendo o treinamento e as ferramentas necessárias, homens e mulheres podem executar qualquer tipo de serviço, desde que estejam habilitados.

O *homo faber* passou a ser tão ou mais desejado quanto os materiais que produzia e a terra em que trabalhava. Os poderosos transformaram-no em mais uma mercadoria, sendo, para isso, aprisionado, comprado, vendido, arrendado, ameaçado e castigado. E, quando era pago pelo seu trabalho, o valor era abaixo do merecido.

O filme *Tempos Modernos* trata, com inteligência e maestria, das condições de opressão e submissão vividas por um trabalhador urbano no início do século XX, com a Revolução Industrial.

Lançado em 1936, com direção e roteiro de Charles Chaplin, o filme mostra a produção em série como uma forma de trabalho em que o objetivo principal é gerar um lucro cada vez maior para o empresário, sem ter a preocupação com as condições dos trabalhadores.

Você já refletiu sobre o significado do trabalho e as formas que ele apresentou no decorrer do tempo? E como tem sido aqui em nosso país? A espécie humana evoluiu para se transformar em um produto?

Para contribuir com sua reflexão continue a leitura no próximo capítulo.

3. Trabalhar é preciso

O TRABALHO É QUALQUER ATIVIDADE – física ou mental – que realizamos para idealizar, criar, transformar, fabricar ou obter alguma coisa.

Em vários aspectos, o trabalho contribui para a aquisição de valores morais como solidariedade, colaboração, disciplina, organização, atenção, responsabilidade, honestidade, independência e cuidado.

Você, por exemplo, arrumando sua cama, enxugando a louça, varrendo o quintal ou colocando o lixo para ser recolhido pelo lixeiro está fazendo um trabalho que ajuda seus pais a manter a organização e a limpeza da casa.

17

Realizando esses trabalhos, ou atividades, você aprende valores morais importantes para sua vida escolar e que o tornarão um adulto e um profissional respeitado, que faz seu trabalho com qualidade.

Quando as pessoas têm um emprego, ou seja, recebem uma remuneração por seu trabalho, além de sentir seus valores morais reforçados, também contribuem para o desenvolvimento do país. Os salários dos trabalhadores, em geral, são utilizados para comprar alimentos, roupas, sapatos, móveis para casa, computadores, brinquedos e outros produtos que possibilitam uma vida um pouco mais confortável.

A cada compra que o trabalhador faz, o governo do país ganha dinheiro por meio dos impostos embutidos nas mercadorias. Com esse dinheiro, é possível construir escolas, postos de saúde, hospitais, contratar empresas para asfaltar ruas etc. Assim, trabalhar é positivo para o desenvolvimento humano pessoal e social.

Trabalhadores da construção civil.

> A palavra **trabalho** se originou do latim *tripalium*, nome de um instrumento de tortura utilizado nos escravos.
> Veja só, a palavra "trabalho" está relacionada à ideia de sofrimento. Por que será?

SER ESCRAVO

Vamos voltar milhões de anos no tempo e no espaço...

Nos grupos formados pelos primeiros humanos, cada indivíduo se preocupava em fabricar suas próprias ferramentas e confeccionar suas vestimentas. Aos poucos, começaram a cooperar mais entre si e, graças à agricultura, essa cooperação foi crescendo cada vez mais, gerando maior produtividade.

Com o surgimento das civilizações da Antiguidade, dos reinos e dos impérios, os camponeses, ou seja, os agricultores foram obrigados a produzir mais do que o necessário para seu consumo. Eles precisavam sustentar os governantes e as elites (reis, oficiais do governo, soldados, sacerdotes, artistas e pensadores), ficando sem meios para sobreviver. E, assim, as pessoas começaram a se tornar escravas.

Seja para pagar suas dívidas, seja para não morrerem de fome, as pessoas vendiam sua liberdade, tornando-se escravas. Havia, também, os prisioneiros de guerra que se tornavam escravos pelos vencedores. Assim, desde a Antiguidade, qualquer pessoa – europeu, asiático, africano etc. – poderia ser escravizada por outra, seja por conta de guerra, nascimento, seja por dívida ou sequestro.

Os primeiros documentos que revelaram a existência de escravos são da Suméria (Mesopotâmia), datados de 2000 a.C.

Mas, o que significa escravidão?

Escravidão é a condição em que um ser humano apropria-se da vida de outro e do que seu trabalho produz. Está indignado? Pois saiba que houve um tempo em que ser dono de um escravo era tão comum quanto ser proprietário de uma carroça.

As civilizações ocidentais utilizavam as pessoas escravizadas para quase todas as tarefas: afazeres domésticos, artesanato, mineração, agricultura, comércio, navegação etc. No entanto, os gregos e os romanos, ainda na Antiguidade, transformaram a escravidão na base da economia. O que isso significa?

19

Gustave Boulanger, *O mercado de escravos*, 1882, óleo sobre tela, 77,5 × 99 cm.

A escravidão tornou-se uma atividade normal de comércio de pessoas. E quem fosse contra estaria questionando um direito considerado legítimo em várias culturas.

Mas, além da escravidão, existiram outras formas de trabalho compulsório, ou seja, trabalho forçado, como a **servidão**, que foi muito utilizada na sociedade europeia durante a **Idade Média**.

> **Idade Média** é o período da história europeia que teve início no século V e término no século XV.

Qual é a diferença entre servidão e escravidão?

SER SERVO

O servo não era livre, mas também não era escravo. Ele não recebia salário e era obrigado a entregar parte de sua produção ao seu senhor, em geral um homem da Igreja ou um nobre.

O servo não era uma mercadoria, não podia ser vendido ou comprado. No entanto, não podia deixar de prestar serviços ao seu senhor, que tinha sobre ele o poder de vida ou morte.

Os servos sustentavam os homens da Igreja (clero) e da nobreza (senhores feudais). Eles eram obrigados a entregar parte do produto do seu trabalho aos senhores.

A presença da fome e a ausência de perspectiva de uma vida melhor provocaram muitas revoltas sociais e, consequentemente, reações repressivas, por parte dos senhores. Não foi à toa que, na Idade Média, surgiram histórias mirabolantes sobre um herói que roubava dos ricos para dar aos pobres: Robin Hood!

> Robin Hood era hábil no arco e flecha, mas não tinha superpoderes; nem sabemos se existiu realmente. Ele representava, para os servos daquela época, a luta contra a opressão dos poderosos. Hoje, ele seria como os heróis de cinema e televisão, que lutam contra perigosos vilões ou alienígenas invasores.
>
> Ao lado, estátua de Robin Hood na Inglaterra.

Com o fim da Idade Média, a servidão foi lentamente substituída pela mão de obra assalariada.

E como era a relação de trabalho quando o Brasil foi colonizado?

ESCRAVOS NO BRASIL

No Brasil colonial, a escravização também era vista com naturalidade pela elite dominante. Embora milhares de indígenas tenham sido escravizados, a escravidão brasileira, em geral, está associada à África. Milhões de africanos foram trazidos de suas terras e escravizados aqui durante quase quatro séculos, através do tráfico negreiro.

Além da perda da liberdade, as pessoas escravizadas eram submetidas a maus tratos constantes e torturas terríveis.

Sobre o tráfico negreiro, veja o infográfico a seguir. Aproximadamente, quantos africanos foram escravizados em outras regiões da América?

Qual é a origem dos negros africanos trazidos ao Brasil?

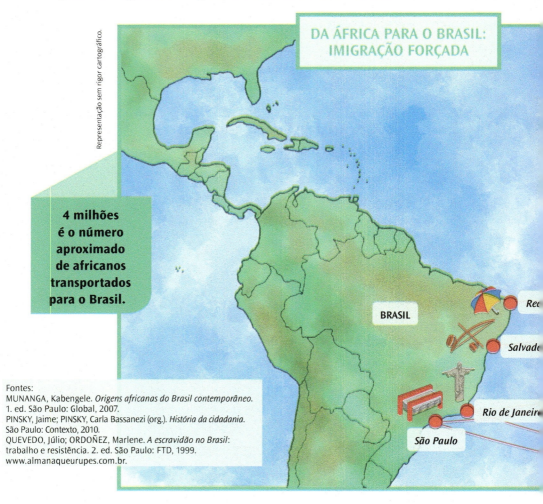

DA ÁFRICA PARA O BRASIL: IMIGRAÇÃO FORÇADA

Representação sem rigor cartográfico.

4 milhões é o número aproximado de africanos transportados para o Brasil.

BRASIL

Recife
Salvador
Rio de Janeiro
São Paulo

Fontes:
MUNANGA, Kabengele. *Origens africanas do Brasil contemporâneo*. 1. ed. São Paulo: Global, 2007.
PINSKY, Jaime; PINSKY, Carla Bassanezi (org.). *História da cidadania*. São Paulo: Contexto, 2010.
QUEVEDO, Júlio; ORDOÑEZ, Marlene. *A escravidão no Brasil*: trabalho e resistência. 2. ed. São Paulo: FTD, 1999.
www.almanaqueurupes.com.br.

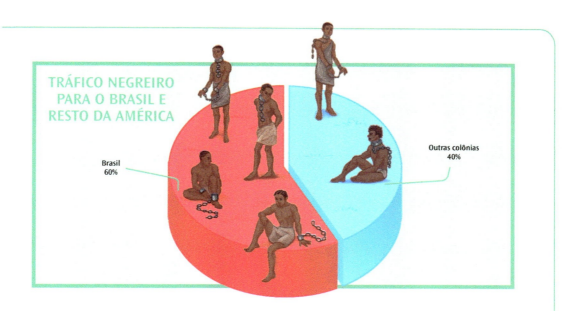

TRÁFICO NEGREIRO PARA O BRASIL E RESTO DA AMÉRICA

Brasil 60%

Outras colônias 40%

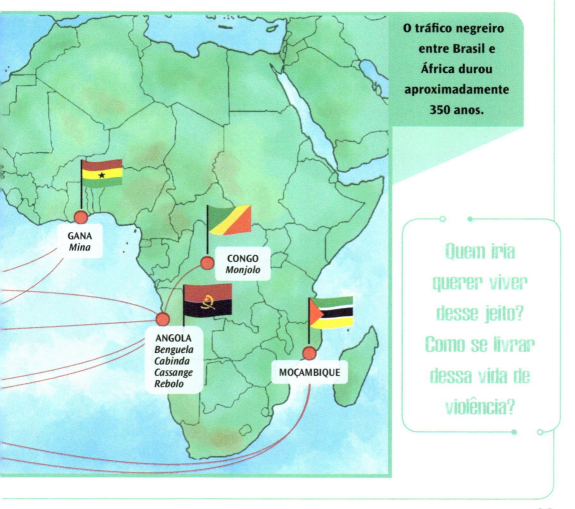

O tráfico negreiro entre Brasil e África durou aproximadamente 350 anos.

GANA
Mina

CONGO
Monjolo

ANGOLA
Benguela
Cabinda
Cassange
Rebolo

MOÇAMBIQUE

Quem iria querer viver desse jeito? Como se livrar dessa vida de violência?

23

4. Brasil República: muito por fazer

EM 1888, A ESCRAVIDÃO ACABOU no Brasil, não é mesmo?

Infelizmente, não. A Lei Áurea aboliu a escravatura na forma como era praticada na época. Todavia, outras formas de superexploração permaneceram.

Durante o Império, não houve planejamento para que os negros libertos fossem inseridos no mercado de trabalho e pudessem ter uma vida digna. No lugar deles, foram contratados os imigrantes europeus.

Mesmo antes da extinção do tráfico negreiro, em 1850, com a Lei Eusébio de Queiroz, os senhores de engenho passaram a utilizar outras formas de trabalho forçado, para substituir o negro escravo. Assim, entre 1870 e 1930, cerca de 3 milhões de pessoas imigraram para o Brasil.

Fazendeiros trouxeram famílias italianas, portuguesas, alemãs e de outras nacionalidades para trabalhar em suas fazendas. Essas famílias vinham para o Brasil em busca de melhores condições de vida. Porém, muitas vezes eram submetidas a humilhações e todo tipo de violência.

Como contraíam dívidas com os fazendeiros, não podiam sequer abandonar a propriedade. Muitas dessas famílias começaram a revoltar-se. Endividadas ou não, foram saindo das propriedades agrárias, retornando a seus países de origem ou indo para grandes centros urbanos, como a cidade de São Paulo.

Imigrantes trabalhando na colheita de café, no estado de São Paulo (início do século XX).

Após a Lei Áurea, seguiu-se a Proclamação da República. A palavra liberdade estava na moda. O Brasil estaria mudando?

E VIVA A REPÚBLICA!

Aos poucos, o significado de trabalho começou a ter o mesmo sentido que lhe damos hoje. O trabalho deixou de ser associado a dor, humilhação, pobreza, servidão e escravidão e passou a ser associado a produtividade, riqueza e dignidade.

Do trabalho escravo surge o trabalho digno. O que isso significa?

Trabalho digno é aquele em que o trabalhador tem seus direitos de cidadão garantidos. Cidadania no trabalho não existe sem liberdade.

Em 1889, a República nasce inspirada em ideais de liberdade. No Hino da Proclamação da República, a palavra liberdade é repetida diversas vezes:

[...]
Liberdade! Liberdade!
Abre as asas sobre nós,
Das lutas na tempestade
Dá que ouçamos tua voz.
[...]

Letra de Medeiros e Albuquerque. Música de Leopoldo Augusto Miguez.

Mas... afinal, o que é liberdade?

O escritor brasileiro **Mário de Andrade** (1893–1945), no último parágrafo do livro *Aspectos da Literatura Brasileira*, nos leva a refletir:

"Será que a liberdade é uma bobagem?... Será que o direito é uma bobagem?... A vida humana é alguma coisa a mais que ciências, artes e profissões. E é nessa vida que a liberdade tem um sentido, e o direito dos homens. A liberdade não é um prêmio, é uma sanção. Que há de vir."

> **O desejo pela liberdade tem sido expressado de diversas formas. Como você expressaria o seu desejo de liberdade?**

A palavra liberdade está associada à dignidade que, por sua vez, para o trabalhador, está relacionada às boas condições de trabalho e de vida.

A liberdade não existe no trabalho análogo à escravidão. E a triste verdade de nossa sociedade é que o trabalho humilhante nunca deixou de existir.

DESEMPREGO, POBREZA... SUPEREXPLORAÇÃO DO TRABALHO

A escravidão legal acabou em 1888. Então, por que ainda existe trabalho escravo no Brasil?

O alto índice de desemprego gera pobreza, e esta, associada à falta de informação ou ao acesso apenas às informações divulgadas pelas elites, torna muitas pessoas presas fáceis aos que se dizem "espertos". Por exemplo, os chamados "gatos", isto é, agenciadores de mão de obra no Brasil, são sujeitos que se aproveitam da vulnerabilidade econômica e social das pessoas. Com falsas promessas de bons salários e de boas condições de trabalho, convencem as pessoas a realizar atividades em áreas rurais ou em pequenas e grandes cidades, em geral distantes de onde moram.

No entanto, a partir do momento em que a viagem para o local em que irão trabalhar é iniciada, começam as dívidas das vítimas: as despesas com o transporte e a alimentação são registradas pelo "gato" em um caderno, sem informar às pessoas, que serão cobradas depois.

No local de trabalho, as dívidas continuam.

Os "empregadores" também anotam tudo o que consideram gastos feitos pelas vítimas: alimentação, roupas, ferramentas utilizadas, até mesmo a precária moradia. E, claro, tudo será cobrado no dia do pagamento.

Dessa forma, o trabalhador deve produzir mais, receber mais e pagar suas dívidas. Certo?

Errado. A realidade é bem diferente. Mesmo produzindo muito, o salário recebido pelo trabalhador nunca é suficiente para pagar suas dívidas.

O fornecimento de alimentos, roupas, ferramentas e outras necessidades é feito por locais pertencentes ao próprio empregador ou controlados por ele. Os valores cobrados pelos produtos são sempre bem mais altos do que seu custo real e, assim, as dívidas permanecem infinitas.

Essa estratégia é utilizada, propositadamente, para manter o trabalhador preso ao serviço e subjugado ao patrão. O trabalhador é escravizado por dívida. Além disso, aquele que reclama de suas condições de trabalho ou tenta fugir pode ser vítima de surras ou, até mesmo, pode ser assassinado para evitar que denuncie a situação.

No entanto, a dívida é apenas um dos meios de manter o trabalhador aprisionado em seu local de trabalho. Infelizmente, existem outras formas de levar as pessoas a se sujeitarem a um trabalho forçado.

5. Opressão urbana e rural

A PRÁTICA DO TRABALHO ANÁLOGO À ESCRAVIDÃO, em geral, está associada ao aumento da produtividade no campo, em empresas agrícolas, mineradoras, madeireiras e outras, assim como nos centros urbanos, em indústrias têxteis, construção civil e trabalhos domésticos.

Os empregadores vêm nessa forma de superexploração do trabalho mais um meio de gastar menos e ganhar muito mais.

> **Há quanto tempo essa forma de trabalho existe em nosso país?**

A "EMPRESA" BRASIL

A História nos mostra que o Brasil nasceu como uma empresa escravista. Os produtos aqui produzidos eram enviados para a metrópole portuguesa, ou seja, a "dona" de nossas riquezas. A exploração da terra se manteve no decorrer da nossa História.

Atualmente, a "empresa" Brasil tem por base econômica o agronegócio – que envolve a agricultura e a pecuária – e a indústria de transformação – como a indústria têxtil e a indústria alimentar. Mesmo com o desenvolvimento da industrialização, o cultivo da terra e as riquezas dela extraídas ainda geram lucros altíssimos.

De acordo com a CNAE – Classificação Nacional de Atividades Econômicas –, a indústria de transformação envolve "a transformação física, química e biológica de materiais, substâncias e componentes com a finalidade de se obterem novos produtos. Os materiais, substâncias e componentes transformados são insumos produzidos nas atividades agrícolas, florestais, de mineração, da pesca e produtos de outras atividades industriais".

(Fonte: https://tinyurl.com/yyt7kuf3.)

Desmatamento: Fiscalização do Ibama na Floresta Nacional do Jamanxim, no Pará.

Mineração provoca o desmatamento da Floresta Amazônica.

Pois é, em pleno século XXI, explorar a terra ainda é um bom negócio. Mas, e quanto aos trabalhadores? O que podemos dizer sobre eles?

Trabalhadores vivendo em situação de semiescravidão existem tanto no campo quanto na cidade. Na zona rural, no entanto, há uma maior concentração. E o agronegócio está entre os maiores recrutadores desse tipo de trabalhador. Desmatamento e mão de obra compulsória muitas vezes andam de mãos dadas.

A expansão do agronegócio, visando o aumento da produtividade agrícola e pecuária, levou a um crescente processo de desmatamento em diferentes regiões do Brasil. Por outro lado, o Brasil é um país de dimensões continentais. Nossas fronteiras podem ser consideradas "terras sem lei", de modo que fiscalizar as condições de trabalho e dos trabalhadores é muito difícil. Assim, nessas regiões, remover e comercializar, ilegalmente, os produtos, falsificar documentos para os trabalhadores, ou mesmo para legalizar a exploração da terra, são atividades frequentes.

Outra atividade do setor econômico, que também faz uso do trabalho degradante, é a produção de carvão vegetal, uma atividade bastante rentável que incentiva o surgimento de carvoarias ilegais que oferecem péssimas condições de trabalho e salários extremamente baixos. Além disso, geram graves problemas ambientais, como o desmatamento irregular de florestas nativas e a emissão de gases tóxicos durante o processo de carbonização da madeira, para a obtenção do carvão. Apesar das lutas para o fim do trabalho escravo e a preservação ambiental, o carvão vegetal é ainda utilizado em siderúrgicas e metalúrgicas, indústrias de grande importância econômica para o Brasil.

Carvoaria: Produção de carvão.

O trabalho análogo à escravidão atinge também atividades como o reflorestamento de zonas degradadas, a produção de estanho, de citros, garimpos, olarias, produtoras de sementes de capim e seringais.

A superexploração nas áreas urbanas ocorre na ilegalidade, isto é, os patrões não registram seus funcionários, não contribuem para a Previdência Social, não efetuam o recolhimento do FGTS e não contribuem para o PIS (Programa de Integração Social).

> **!**
>
> A **Previdência Social** é um tipo de seguro público com o objetivo de garantir uma renda ao trabalhador contribuinte de modo que possa manter o sustento de sua família caso perca o trabalho ou a capacidade de trabalhar de maneira temporária ou permanente.
>
> O **FGTS** é um depósito mensal, obrigatório, realizado pelo empregador em uma conta na Caixa Econômica Federal em nome do trabalhador. A quantia a ser depositada é uma porcentagem do salário do trabalhador, sendo parte de responsabilidade do empregador e parte a ser descontada do salário pago.
>
> O **PIS** é uma contribuição obrigatória para o patrão, que tem como objetivo financiar o pagamento do seguro-desemprego, abono e participação na receita dos órgãos e entidades, tanto para os trabalhadores de empresas públicas quanto para os de empresas privadas.
>
> Converse com seus familiares sobre a importância desses benefícios para quem trabalha com registro na carteira de trabalho.

Além disso, os trabalhadores também se submetem a condições subumanas nos locais de trabalho. Em geral, os espaços apresentam pouca iluminação, possuem alto índice de ruído, de umidade, ou mesmo calor excessivo, entre outras situações precárias. Muitas vezes, os empregadores não fornecem equipamentos de segurança a seus trabalhadores, elevando o número de acidentes. Sem assistência médica, eles nunca recebem os cuidados adequados.

No mercado de têxteis, várias marcas de roupas foram flagradas como responsáveis por oficinas e pequenas confecções ilegais, que fazem uso de mão de obra análoga à escravidão. Em geral, os trabalhadores – na maioria, bolivianos ou peruanos –, além das péssimas condições de trabalho e salário (quando recebiam algum), apanham dos empregadores e são obrigados a morar no ambiente de trabalho, além de arcar com as despesas de "moradia".

Você pode estar usando uma dessas marcas de roupas...

Um mercado que está em constante crescimento é a indústria da construção civil, um dos setores econômicos que gera muitos empregos. No entanto, também mantém um grande número de pessoas em condições de trabalho forçado. Nos chamados "alojamentos", por exemplo, os trabalhadores se acumulam nos dormitórios para poder garantir o aluguel estipulado pela empreiteira. Nessas circunstâncias, o pagamento pelos serviços prestados sofre descontos de maneira irregular, semelhante ao que é feito na escravidão por dívida.

Diferentes setores da economia brasileira fazem uso do trabalho análogo à escravidão. O levantamento realizado no período de 1995 a 2016 mostrou que o setor agropecuário representa cerca de 70% dos trabalhadores em situação semelhante à escravidão.

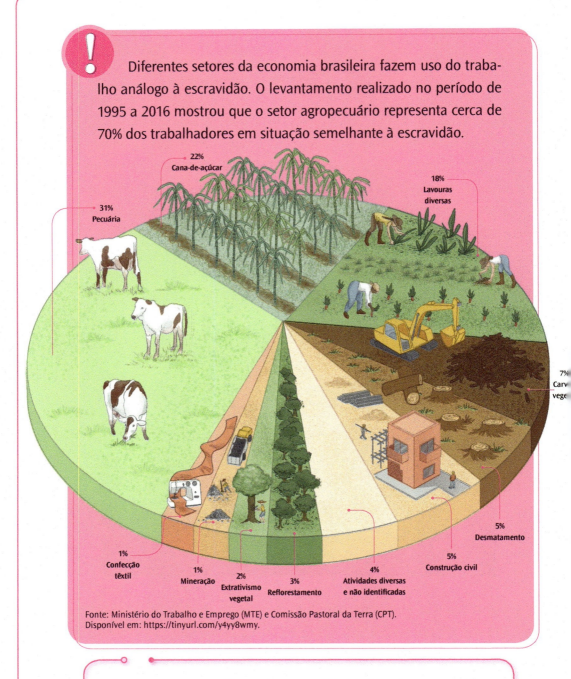

Fonte: Ministério do Trabalho e Emprego (MTE) e Comissão Pastoral da Terra (CPT).
Disponível em: https://tinyurl.com/y4yy8wmy.

Tanto desrespeito e desumanidade. Tanta opressão. Esses trabalhadores, de onde vêm, para onde vão?

MIGRANTES E IMIGRANTES

Entre as pessoas mais vulneráveis ao trabalho análogo à escravidão estão os **migrantes**, pessoas que mudam de um lugar para outro sem sair de seu próprio país, e os **imigrantes**, pessoas que deixam para trás o país onde nasceram para morar em outro.

O Brasil passou por diferentes períodos de migrações. O período conhecido como **êxodo rural**, que começou nos anos 1930 e foi até 1950, é considerado o mais intenso deles. Nessa época, por causa das secas, da modernização das atividades agrícolas e da aquisição de máquinas para aumentar a produção, muitas pessoas perderam suas propriedades e outras tantas, seus empregos. Não havia, portanto, garantia de trabalho ou de sobrevivência no campo. Essas pessoas foram obrigadas a sair em busca de trabalho e melhores condições de vida em um novo lugar. Migraram, então, para os centros urbanos, como São Paulo e Rio de Janeiro, que, à época, já eram as principais cidades do país.

A partir de 1950, o número de trabalhadores urbanos foi aumentando e, paralelamente, as indústrias se desenvolveram e as cidades cresceram. Consequentemente, passou a existir a necessidade da mão de obra para as indústrias, para o setor de serviços e para a construção civil. As necessidades foram sendo supridas pelos trabalhadores do campo que migravam para as cidades. Esse processo de urbanização avançou pelas regiões brasileiras, proporcionando a geração de empregos em locais até então menos desenvolvidos.

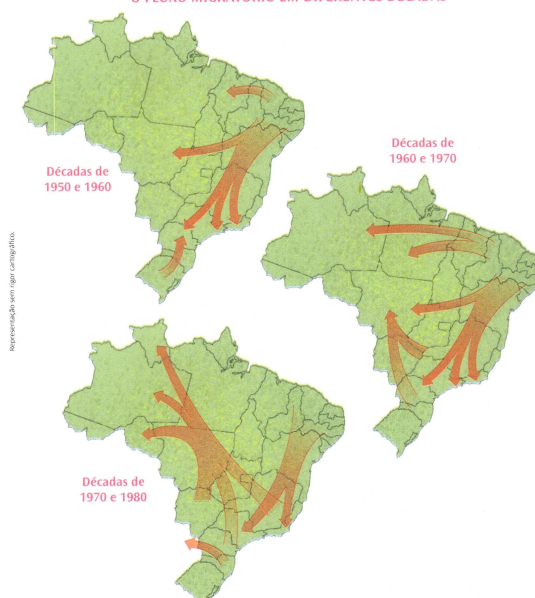

O FLUXO MIGRATÓRIO EM DIFERENTES DÉCADAS

Décadas de 1950 e 1960

Décadas de 1960 e 1970

Décadas de 1970 e 1980

Representação sem rigor cartográfico.

Como a principal motivação para a migração era a busca por melhores condições de vida e de trabalho, à medida que ocorreu uma distribuição mais equilibrada das ofertas de trabalho, a busca por outros lugares para morar começou a cair. Surgiu, assim, a migração de retorno: o deslocamento de pessoas para sua região de origem, após terem migrado.

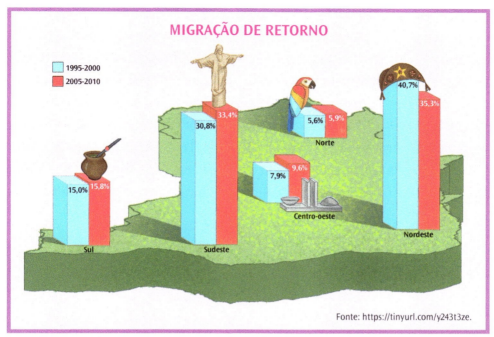

Fonte: https://tinyurl.com/y243t3ze.

De 2000 a 2010, houve um aumento da migração de retorno nas diferentes regiões, com exceção da região Nordeste. Por outro lado, a região Nordeste é a que apresentou um maior número de retornados tanto em 2000 quanto em 2010.

A crise econômica e o desemprego, que vêm afetando o Brasil nos últimos tempos, acentuaram o processo migratório, incluindo a migração de retorno, em busca de emprego. Assim, podemos dizer que a migração se tornou um dos principais fatores que favorecem a submissão do trabalhador e, consequentemente, as condições degradantes de trabalho.

> A palavra **retirante** é muito usada para se referir ao sertanejo que, sozinho ou em grupo, migra para outras regiões do Brasil, fugindo da seca.

39

O Brasil passou também por períodos de imigração. Entre a segunda metade do século XIX (principalmente após a abolição, como comentamos no capítulo 4) e a primeira metade do século XX, vieram para o Brasil mais de 4 milhões de estrangeiros, de várias partes do mundo: portugueses, italianos, espanhóis, alemães, poloneses, judeus, russos, austríacos, suíços, tchecos, japoneses, chineses, sírios e libaneses. Os motivos para a imigração foram vários: crescimento da lavoura de café, fuga da Primeira Guerra Mundial (1914-1918), nova fase de expansão do café no Brasil, quebra da bolsa de valores em Nova York, em 1929, e fuga da Segunda Guerra Mundial (1939-1945). Todos buscavam melhores condições de vida e trabalho.

Pátio Central da Hospedaria dos Imigrantes, no Brás, cidade de São Paulo.

São Paulo foi a cidade que mais atraiu imigrantes no Brasil. Eles desembarcavam em Santos, de lá seguiam de trem até o bairro do Brás, onde ficavam na Hospedaria dos Imigrantes – e hoje existe o **Memorial do Imigrante**. Da hospedaria partiam para as lavouras de café no interior do estado. Muitos imigrantes preferiram ficar na capital, e bairros como Bom Retiro, Brás, Bexiga e Barra Funda começaram a surgir.

A partir de 1960, outros povos – como bolivianos e coreanos – também começaram a vir para o Brasil, embora em um processo de imigração bem menor.

O emprego da mão de obra imigrante caminhou paralelamente ao desenvolvimento da economia brasileira. Essas pessoas contribuíram bastante para a urbanização das principais cidades e participaram, desde o começo, da industrialização em nosso país. Mas como era a relação de trabalho para esses estrangeiros que chegavam ao Brasil?

Com o desenvolvimento das leis trabalhistas a partir de 1930, passou a existir a necessidade de se estabelecerem relações legais de trabalho para todas as pessoas que viviam em nosso país, inclusive os imigrantes. As leis trabalhistas seriam um meio de amenizar as relações entre brasileiros e estrangeiros, buscando evitar a criação de um ambiente de discriminação. Porém, como as leis trabalhistas estavam apenas nascendo, os estrangeiros também se tornaram alvos vulneráveis para o trabalho análogo à escravidão.

Essa situação de trabalho degradante para os estrangeiros continuou, no decorrer do tempo, mesmo com o avanço das leis trabalhistas e a criação de novas leis que buscavam dar mais dignidade à vida dos estrangeiros em nosso país.

> A Constituição de 1934 criou o salário mínimo, a jornada de trabalho de oito horas, o repouso semanal, as férias anuais remuneradas e a indenização por dispensa sem justa causa. Em 1º de maio de 1943, no governo do presidente Getúlio Vargas, foi criada a CLT, com o objetivo de regularizar as relações de trabalho e criar o direito processual trabalhista. Dessa forma, a CLT pretendia impedir os abusos nas relações trabalhistas dos empregadores sobre o trabalhador.

Nos anos 1980, com a aceitação no Brasil do ACNUR – Alto Comissariado das Nações Unidas para Refugiados –, foi criado o Conselho Nacional de Imigração. Assim, estrangeiros temporários, como os argentinos, paraguaios e chilenos, puderam ser recebidos em nosso país. No entanto, muitos desses imigrantes temporários acabaram se estabelecendo no país como imigrantes ilegais. Para legalizar a situação dessas pessoas, foi criada, em 1998, uma lei que, mais tarde, foi complementada com a Lei de Anistia. A partir de então, vários estrangeiros se tornaram residentes permanentes. Mas essas ações legais não foram suficientes para erradicar a superexploração dos trabalhadores estrangeiros.

Em 2014, recebemos no Brasil uma onda de imigrantes forçados – os refugiados –, pessoas que são obrigadas a sair de seu país de origem por causa de guerras e conflitos, como aconteceu, por exemplo, com Venezuela, Angola, República Democrática do Congo, Colômbia, Líbano, Palestina, Libéria, Iraque, Bolívia e Serra Leoa.

> O Projeto de Lei do Senado nº 491, de 2017, aprovado em junho de 2019, estabelece que, para obter um visto temporário, não é necessário autorização de residência prévia. Essa determinação facilita a vida de imigrantes estrangeiros no país.

Os haitianos foram recebidos no Brasil por meio do chamado "visto humanitário". Diferente dos outros refugiados, eles imigraram como "vítimas" socorridas do terremoto que destruiu o Haiti.

As organizações da sociedade civil de assistência social atuam no acolhimento dos imigrantes forçados. Infelizmente, as ações não estão sendo suficientes; para sobreviver, muitos deles realizam trabalhos informais. Novamente estamos diante de um quadro de vulnerabilidade social e econômica. Essas pessoas se tornam "presas" fáceis para os aliciadores do trabalho análogo à escravidão.

Conheça a saga dos venezuelanos que chegam ao Brasil em busca de dignidade

Eles sabem que as histórias de sobrevivência em terra estrangeira estão apenas no início. Em comum, têm a esperança de dias melhores.

Venezuelanos embarcam em avião da FAB na segunda etapa de interiorização promovida pelas autoridades brasileiras.

Há pouco mais de três anos, venezuelanos cruzam, diariamente, a fronteira de Pacaraima, divisa entre Roraima e a Venezuela, em busca de refúgio. São milhares. Com pouco dinheiro no bolso e, muitas vezes, deixando alguém querido para trás, querem recomeçar a vida no Brasil — e a cidade mais próxima é a capital de Roraima, Boa Vista, a 215 quilômetros da fronteira. De onde vêm, a diarreia voltou a ser uma doença perigosa, comida se tornou um privilégio e ter diploma de ensino superior passou a ser irrelevante. Chegam ao país e ocupam as ruas, dormem em praças, procuram por prédios inabitados. A cama é o papelão, o banho é na bica — e só se der. "Mas ainda assim nossa vida está melhor do que era lá. Tem comida", dizem, como em um consenso. Buscam por empregos e alimentam a esperança de conseguirem reconquistar a dignidade que lhes foi tirada.

A onda migratória na região teve início em 2015, quando um grupo de venezuelanos indígenas pediu refúgio no país. Em 2016, o processo começou a ficar mais intenso, principalmente entre os não indígenas. Em 2017, a quantidade deles no país já havia praticamente quadruplicado, segundo os registros de entrada da Polícia Federal. Entre 2017 e 2018, foram notificados 92.656 venezuelanos no país.

Fonte: *Correio Braziliense*. Disponível em: https://www.correiobraziliense.com.br/app/noticia/brasil/2018/05/06/interna-brasil,678654/venezuelanos-no-brasil.shtml.

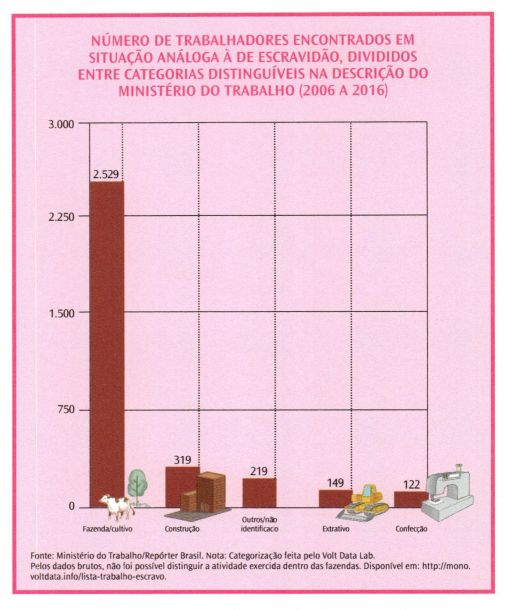

Fonte: Ministério do Trabalho/Repórter Brasil. Nota: Categorização feita pelo Volt Data Lab. Pelos dados brutos, não foi possível distinguir a atividade exercida dentro das fazendas. Disponível em: http://mono.voltdata.info/lista-trabalho-escravo.

Como podemos ver, a situação dos trabalhadores em nosso país não mudou: da escravidão abolida no século XIX, construímos a escravidão moderna.

A relação patrão-empregado baseada na opressão e submissão do trabalhador continua em pleno século XXI!

Mas não desanime! Nem tudo é notícia ruim! Ainda podemos construir uma nova sociedade.

6. Quebrando o ciclo

O BRASIL EM QUE VIVEMOS HOJE É O REFLEXO de nossa história, construída ao longo de mais de 500 anos. Somos um país historicamente jovem e somos também um povo novo, criado a partir da mistura básica de três diferentes grupos étnicos: os indígenas, que já viviam nas terras brasileiras; os africanos, que vieram à força, nos navios negreiros; e os europeus.

Esses grupos já tinham consigo culturas construídas durante séculos. Assim, podemos dizer que nossa sociedade, indiretamente, tem raízes em crenças e tradições milenares, recebidas dos diferentes povos, de seus modos de pensar, agir, viver, e das consequências resultantes da mistura étnica.

No entanto, nem toda herança cultural constrói uma sociedade justa. A escravização de indígenas e africanos, ocorrida principalmente no período colonial, entre os séculos XVI e XIX, nos deixou, por exemplo, o trabalho forçado e o racismo. Essas relações de dominação se tornaram uma das bases para a organização socioeconômica brasileira. Nosso passado esclarece nosso presente social e nos faz refletir sobre nosso futuro.

> **Por que, em um país que se moderniza tecnologicamente a passos largos, encontramos, ainda hoje, resistência para mudar certas crenças e hábitos sociais?**

AS DUAS FACES DO TRABALHO: EMPREGADOR *VERSUS* TRABALHADOR

Nos últimos anos, muitas denúncias envolvendo pessoas que vivem em situação análoga à escravidão se tornaram públicas.

Alguns empresários e proprietários rurais dos setores envolvidos, direta ou indiretamente, em denúncias de violação dos direitos do trabalhador procuram diminuir a gravidade de seus crimes afirmando que as denúncias são exageradas e que os acusados são pessoas de bem.

Outros consideram as condições de vida dos trabalhadores rurais uma situação normal, e justificam as situações de superexploração dizendo: "Esses trabalhadores estão acostumados a essa vida simples e dura. Sempre foi assim. Não precisam de muito para viver...".

Assim, as diferentes situações de trabalho degradante parecem "normais" aos olhos desses empregadores que desrespeitam os direitos legais e legítimos dos trabalhadores. É um patronato baseado na desumanização do trabalhador.

Como mudar essa situação?

AS LEIS

Um dos primeiros passos para um país construir uma sociedade democrática é criar leis justas. No entanto, estabelecer uma lei realmente justa e aplicável a todos é um caminho longo e árduo.

A Encíclica *Rerum Novarum,* uma Carta Aberta escrita pelo papa Leão XIII, em 1891, é um dos primeiros documentos que busca conscientizar a sociedade sobre os direitos trabalhistas. É considerada uma fonte de inspiração para a construção do Direito do Trabalho.

Diante da exploração dos trabalhadores, principalmente mulheres e crianças, por seus empregadores, o papa Leão XIII busca a conscientização da classe patronal para o tratamento digno do trabalhador, como um ser que oferece sua força de trabalho por um preço justo e com condições dignas. O documento propõe a intervenção do Estado para criar ações preventivas e punitivas para situações de violação dos direitos trabalhistas.

> "(...) os trabalhadores, isolados e sem defesa, têm-se visto, com o decorrer do tempo, entregues à mercê de senhores desumanos (...)".
>
> "Quanto aos ricos e aos patrões, não devem tratar o operário como escravo. (...) vergonhoso e desumano é usar dos homens como de vis instrumentos de lucro, e não os estimar senão na proporção do vigor dos seus braços. (...) entre os deveres principais do patrão, é necessário colocar, em primeiro lugar, o de dar a cada um o salário que convém."
>
> Encíclica *Rerum Novarum*, trechos nº 2 e nº 10.

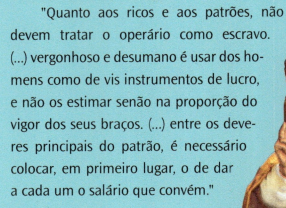

Papa Leão XIII, 1878

Em 1930, a Convenção nº 29 da OIT (Organização Internacional do Trabalho) definiu, claramente, que o trabalho forçado ou compulsório é "todo trabalho ou serviço exigido de um indivíduo sob ameaça de qualquer penalidade e para o qual ele não se ofereceu de espontânea vontade".

> A OIT é uma das agências da ONU (Organização das Nações Unidas). Criada em 1919, logo após a Primeira Guerra Mundial, pela Conferência de Paz, tem por princípio a justiça social. "A missão da OIT é promover oportunidades para que homens e mulheres possam ter acesso a um trabalho decente e produtivo, em condições de liberdade, equidade, segurança e dignidade. Para a OIT, o *trabalho decente* é condição fundamental para a superação da pobreza, a redução das desigualdades sociais, a garantia da governabilidade democrática e o desenvolvimento sustentável."
>
> Disponível em: https://nacoesunidas.org/agencia/oit/.

O artigo 149 do nosso Código Penal de 1940 penalizava o trabalho escravo, mas não definia as situações em que ele ocorria. Para corrigir essa falha, em 2003 foi aprovada a alteração desse artigo:

ARTIGO 149 - CÓDIGO PENAL BRASILEIRO	
COMO ERA em 1940	Reduzir alguém a condição análoga à de escravo. Pena – reclusão, de 2(dois) a 8 (oito) anos.
COMO FICOU em 2003	Reduzir alguém a condição análoga à de escravo, quer submetendo-o a trabalhos forçados ou a jornada exaustiva, quer sujeitando-o a condições degradantes de trabalho, quer restringindo, por qualquer meio, sua locomoção em razão de dívida contraída com o empregador ou preposto: Pena – reclusão, de dois a oito anos, e multa, além da pena correspondente à violência. § 1º Nas mesmas penas incorre quem: I - Cerceia o uso de qualquer meio de transporte por parte do trabalhador, com o fim de retê-lo no local de trabalho; II - Mantém vigilância ostensiva no local de trabalho ou se apodera de documentos ou objetos pessoais do trabalhador, com o fim de retê-lo no local de trabalho. § 2º A pena é aumentada de metade, se o crime é cometido: I - Contra criança ou adolescente; II - Por motivo de preconceito de raça, cor, etnia, religião ou origem.

Fonte: http://www.planalto.gov.br/ccivil_03/decreto-lei/Del2848.htm.

As leis trabalhistas, portanto, têm a função de proteger o trabalhador dos abusos de seus empregadores. Elas existem para determinar os direitos e deveres de empregadores e trabalhadores.

Nossa história mostra que, muitas vezes, essas leis ou normas trabalhistas são escritas em favor do empregador. E, para favorecer o trabalhador, as lutas são longas e constantes.

A LUTA DO TRABALHADOR DOMÉSTICO

Durante muito tempo, nossa sociedade "habituou-se" a ver o trabalhador doméstico como um prestador de serviços nos moldes da escravidão.

Mesmo após a Lei Áurea, a situação de escravidão continuou. Os escravos libertos adquiriram direitos, mas, sem condições sociais e legais para mudar de vida, continuaram a "servir os senhores". O trabalho doméstico passou a ser tratado como um trabalho informal, discriminado e desvalorizado, sem os direitos aplicados a outros tipos de trabalho, sem leis que defendessem o trabalhador.

> "O trabalho doméstico no Brasil teve sua origem no período da escravidão e era exercido por crianças, mulheres e homens negros, em geral escravos vindos da África. Laboravam em jornadas extensas, recebendo em troca apenas uma cama para poucas horas de descanso e restos de comida do patrão, não lhes sendo permitido adoecer. Raramente havia folga."
>
> Dayane Rose. *Trabalho doméstico no Brasil*: os avanços trazidos pela Lei Complementar 150/15. Disponível em: https://dayanerose.jusbrasil.com.br/artigos.

Nos ambientes domésticos, o trabalho análogo à escravidão também se fez presente, muitas vezes, pelo estabelecimento de laços afetivos. Muitos trabalhadores domésticos prestavam serviços para uma mesma família desde a infância até a velhice. Em muitos casos, moravam em "quartinhos" minúsculos, às vezes sem janela, e privados da liberdade de ir e vir, e ganhavam como pagamento "casa, comida e vestuário". Os patrões envolviam psicologicamente esses trabalhadores dizendo que "faziam parte da família". Com esse argumento, se passavam por "pessoas que só queriam ajudar", mas, na verdade, atuavam como os antigos senhores de escravos. A opressão física transformou-se em opressão psicológica. O trabalhador sentia-se preso à família por gratidão.

Somente em 1972 foi aprovada uma lei que regulamentava alguns direitos para o trabalhador doméstico: benefícios e serviços da previdência social, férias anuais com o adicional de um terço e carteira de trabalho. No entanto, essa lei não era considerada pelos empregadores domésticos, pois a lei maior em vigor era a CLT de 1943, que não incluiu o trabalhador doméstico nos benefícios adquiridos e regulamentados para outros tipos de trabalho.

Nos anos seguintes, o trabalhador doméstico foi adquirindo, pouco a pouco, benefícios legais. Somente em 2013, com a Emenda Constitucional nº 72, conhecida como a "PEC (Proposta de Emenda Constitucional) das Domésticas", os direitos dos trabalhadores domésticos foram ampliados: indenização em caso de demissão sem justa causa; adicional noturno; seguro-desemprego; FGTS; garantia de salário mínimo para quem recebe remuneração variável; salário-família; jornada de oito horas diárias e quarenta e quatro semanais; hora extra; auxílio creche e pré-escola para filhos e dependentes até cinco anos de idade; seguro contra acidente de trabalho, entre outros benefícios, igualando-se, assim, aos dos demais profissionais.

A Lei Complementar nº 150, de 2015, regulamentou esses direitos e definiu o trabalhador doméstico como a pessoa "que presta serviços de forma contínua, subordinada, onerosa e pessoal e de finalidade não lucrativa à pessoa ou à família, no âmbito residencial destas, por mais de 2 (dois) dias por semana" (artigo 1º).

Foram necessários quase 130 anos para que o trabalhador doméstico começasse a ter seus direitos legais e ser valorizado e reconhecido legal e socialmente.

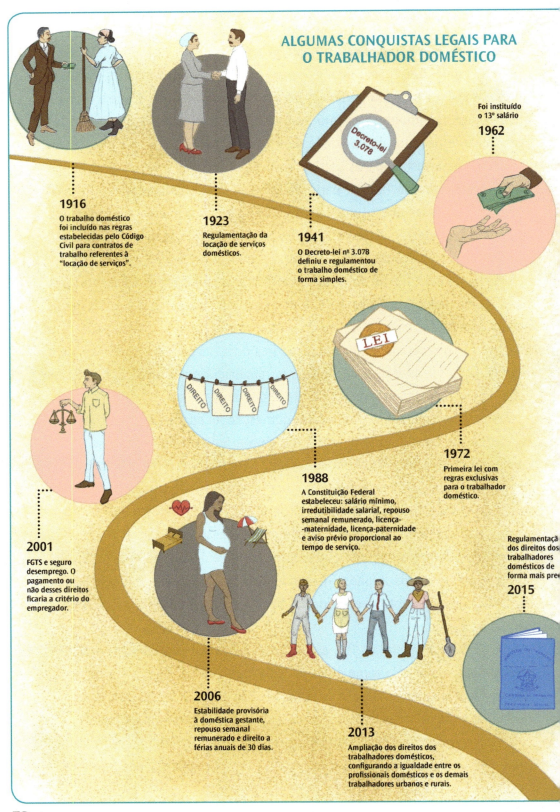

O CADASTRO DE EMPREGADORES INFRATORES

O Cadastro de Empregadores Infratores, instituído em 2004, é outro exemplo de luta para a conquista de direitos do trabalhador. Nessa **lista suja**, como ficou conhecido, constam os nomes de empresários que utilizam trabalho escravo em suas empresas.

A lista suja é pública, ou seja, qualquer pessoa pode saber quem são os infratores. Os empresários infratores, além de ficarem expostos ao público, sofrem penalidades, como multas e fiscalização, em suas empresas.

É claro que, se está na lista suja, sua imagem fica prejudicada. É difícil conseguir crédito em bancos, vender seus produtos ou mesmo prestar serviços para outras empresas que estão comprometidas com a erradicação do trabalho escravo.

O Cadastro de Empregadores Infratores trouxe benefícios ao combate à superexploração do trabalho:

- Após assinarem o pacto, grandes empresas decidiram rastrear suas cadeias produtivas para checar seus fornecedores.

- Em 2004, as siderúrgicas maranhenses do Polo Carajás criaram o Instituto Carvão Cidadão (ICC) para monitorar as carvoarias fornecedoras de suas associadas.

- Entidades como a ICC, a OIT, a Ong Repórter Brasil e o Instituto Ethos fiscalizam se o combate à escravidão está sendo realizado.

A lista suja provocou um debate intenso, inclusive judicial, entre os defensores e aqueles que são contrários à sua existência e divulgação. O conflito de interesses faz com que a transparência dessa lista e a aplicação das penalidades, determinadas pelo Código Penal, sejam contestadas na Justiça e, na maioria das vezes, adiadas no Congresso Nacional, que procura criar novas leis que favoreçam os empregadores.

De dezembro de 2014 a março de 2017, o Cadastro de Empregadores Infratores ficou sem atualização. Nesse período, ocorreram várias disputas judiciais entre o Ministério Público do Trabalho, que defendia e autorizava a publicação do Cadastro, e o Congresso Nacional, que defendia os interesses dos empregadores e buscava de qualquer forma impedir essa publicação.

Finalmente, em outubro de 2017, a ministra Rosa Weber, do Supremo Tribunal Federal, pôs um fim à disputa. Ela autorizou a atualização periódica e a publicação obrigatória do Cadastro, a cada seis meses, suspendendo a decisão do governo federal de impedir a publicação da lista suja. A publicação ficaria sob a responsabilidade do então Ministério do Trabalho (extinto em janeiro de 2019 pelo presidente Jair Bolsonaro).

Em abril de 2018, o governo federal foi obrigado a atualizar e publicar a lista suja. Mais 34 nomes de empresas e empregadores infratores foram incluídos no cadastro.

Um dos argumentos dos empregadores para impedir a prática da lista suja é o sistema de fiscalização utilizado.

> Afinal, o que é esse sistema? Para quem ele é eficaz: para o trabalhador ou para o empregador?

FISCALIZAÇÃO E RESGATE DO TRABALHADOR SUPEREXPLORADO

Quase dois séculos após surgirem leis de combate à escravidão no Brasil, o número de pessoas submetidas a condições análogas ao trabalho escravo ainda é bastante alto.

Os dados do Ministério Público do Trabalho (MPT) mostram que mais de 50 mil pessoas foram libertadas entre os anos de 1995 e 2016. No entanto, em 2017, a quantidade de pessoas resgatadas do trabalho análogo à escravidão diminuiu significativamente.

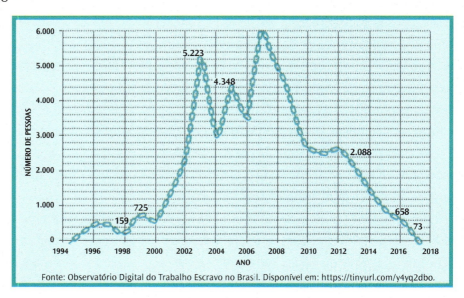

Fonte: Observatório Digital do Trabalho Escravo no Brasil. Disponível em: https://tinyurl.com/y4yq2dbo.

O número de fiscalizações do grupo de combate ao trabalho escravo, responsável por identificar violações e libertar trabalhadores, reduz a cada ano. O ano de 2017 teve o menor número de operações dessa equipe, desde que foi instituída a lista suja, em 2004. Foram apenas 88 fiscalizações. Consequentemente, o número de trabalhadores resgatados caiu demasiadamente.

Compare o número de resgates realizados em 2007 (cerca de 6 mil pessoas) com o número de resgates em 2017. Será que em 2017 os crimes relacionados ao trabalho forçado praticamente deixaram de existir? A história social, política e econômica que estamos vivendo nos diz que a realidade é bem diferente.

É somente por meio de denúncias e fiscalizações que se consegue identificar os locais em que as atividades fazem uso do trabalho escravo. As novas regras da lista suja, vigentes a partir de 2017, e o corte financeiro nas atividades rotineiras de fiscalização foram algumas das ações da política pública atual que afetaram, negativamente, o combate ao trabalho escravo em nosso país. A queda no número de denúncias e fiscalizações provocou a queda no número de trabalhadores resgatados.

Após o resgate, outra questão surge: alguns trabalhadores acabam retornando para as mesmas condições de trabalho forçado.

Fonte: Observatório Digital do Trabalho Escravo no Brasil. Disponível em: https://observatorioescravo.mpt.mp.br

Por que isso acontece?

O acompanhamento dos trabalhadores resgatados mostrou um dado realmente importante: verificou-se que a reincidência de trabalhadores que retornam ao ciclo da escravidão é maior entre analfabetos e aqueles com baixo grau de escolaridade.

Esse resultado mostra que acabar com o trabalho degradante em nosso país exige de todos – população e poder público – comprometimento e práticas que gerem transformação social.

QUEBRANDO CORRENTES: CIDADANIA E LIBERDADE

Os artifícios e argumentos utilizados para manter a situação de submissão e de exploração do trabalho só são eficazes em países em que a maior parte da população vive em situação de pobreza extrema e com uma educação deficitária, em que o povo apresenta altos índices de analfabetismo e baixos índices de pessoas com educação básica e qualificação profissional.

Os trabalhadores que vivem em situação de superexploração, em geral, desconhecem meios legais para mudar, não se sentem capazes de mudar, ou não sabem como sair dessa situação. Assim, o caminho para quebrar esse ciclo de semiescravidão é por meio de programas, tanto sociais quanto educacionais, que contribuam para a transformação das condições sociais e econômicas dos trabalhadores e suas famílias.

"A pobreza força o homem livre a agir como escravo."
Hannah Arendt

Hanna Arendt foi uma pensadora que defendeu os direitos individuais e dos trabalhadores.

PROGRAMAS SOCIAIS

Existem alguns programas sociais vinculados ao governo federal e a instituições não governamentais que buscam contribuir para o combate ao trabalho escravo. Esses programas e instituições prestam assistência social, orientam as pessoas em situação de pobreza, miséria ou que sofram violação grave. Ajudam, também, o trabalhador e seus familiares a entrarem para o **Cadastro Único**.

> O Cadastro Único para Programas Sociais do Governo Federal é um instrumento que identifica e caracteriza as famílias de baixa renda, permitindo que o governo conheça melhor a realidade socioeconômica dessa população. Nele são registradas informações como: características da residência, identificação de cada pessoa, escolaridade, situação de trabalho e renda, entre outras.
>
> Fonte: http://mds.gov.br/assuntos/cadastro-unico/o-que-e-e-para-que-serve.

Programas como Bolsa Família e BCP oferecem benefícios financeiros que ajudam a aumentar a renda mensal das famílias de baixa renda. Para participar desses programas é necessário respeitar certas condições:

+ **Bolsa Família:** as crianças precisam frequentar assiduamente a escola e o médico; também é necessário ter o nome incluído no Cadastro Único.
+ **Benefício de Prestação Continuada da Assistência Social (BCP):** destinado a pessoas com 65 anos ou mais e crianças, adolescentes e adultos com deficiência ou doença crônica.

A Comissão Pastoral da Terra (CPT) e a Cáritas Brasileira são entidades da sociedade civil que lutam pelos direitos humanos.

+ **CPT:** além de receber denúncias, atende vítimas de trabalho análogo ao de escravo e de conflitos fundiários.
+ **Cáritas Brasileira:** dá assistência a pessoas em situação de vulnerabilidade econômica e social, como os migrantes em situação irregular, que, muitas vezes, são aliciados para o trabalho semiescravo.

PROGRAMAS EDUCACIONAIS

Para quebrar o círculo vicioso do trabalho análogo à escravidão, é fundamental que todas as pessoas tenham acesso a educação de qualidade e formação profissional.

Aprender a ler, a escrever e a calcular é essencial para a vida cidadã. São recursos fundamentais para termos a oportunidade de conhecer nossos direitos e, assim, evitar cair nas armadilhas do mercado de trabalho. A educação básica é um direito de todas as pessoas – brasileiras ou estrangeiras – que vivem em nosso país. Esse direito está fundamentado nos artigos 5º e 205 da nossa Constituição Federal.

"Art. 5º Todos são iguais perante a lei, sem distinção de qualquer natureza, garantindo-se aos brasileiros e aos estrangeiros residentes no País a inviolabilidade do direito à vida, à liberdade, à igualdade, à segurança e à propriedade."

"Art. 205. A educação, direito de todos e dever do Estado e da família, será promovida e incentivada com a colaboração da sociedade, visando ao pleno desenvolvimento da pessoa, seu preparo para o exercício da cidadania e sua qualificação para o trabalho."

(Constituição da República Federativa do Brasil de 1988.)

Para os trabalhadores que não foram alfabetizados quando crianças ou não concluíram os estudos, existe a Educação de Jovens e Adultos (EJA), uma modalidade de ensino oferecida pelas redes públicas municipais e estaduais, que possibilita ao adulto completar sua educação básica, isto é, o ensino fundamental e o ensino médio.

Junto com a educação básica, no combate ao trabalho forçado, está a qualificação profissional, a preparação para o mercado de trabalho. Além dos cursos profissionalizantes oferecidos pelos Centros Federais de Educação Tecnológica (CEFETs) e pelas escolas técnicas das redes federal e estaduais, existem programas, vinculados às políticas públicas, que oferecem cursos de qualificação profissional destinados aos trabalhadores de baixa renda.

O Programa Nacional de Acesso ao Ensino Técnico e Emprego (Pronatec) oferece Bolsas Formação para cursos de formação e capacitação profissional em duas modalidades: trabalhador e estudante.

A Bolsa Formação para o trabalhador dispõe de cursos de curta duração. Para garantir uma vaga é necessário ser beneficiário do seguro-desemprego ou de programas sociais como Bolsa Família.

Laboratório de física do 2º ano do ensino médio em técnico de informática.

Com a Bolsa Formação para o estudante, alunos do 2º ou 3º ano do Ensino Médio regular e da Educação de Jovens e Adultos (EJA) das redes públicas de ensino têm a possibilidade de aprender uma profissão por meio de cursos técnicos.

> Será que as ações sociais e educacionais vigentes são suficientes para romper o círculo vicioso do trabalho análogo à escravidão e construir uma sociedade mais justa para todos os trabalhadores?

Enfim... Uma nova sociedade

DIANTE DO APRESENTADO AO LONGO DO LIVRO percebemos que as relações de trabalho em nossa sociedade ainda permanecem vinculadas às ideias escravagistas.

Apesar das leis que buscam humanizar essas relações e das inúmeras ações sociais e educacionais para o combate ao trabalho análogo à escravidão, ainda há muitos desafios que precisam ser solucionados para sua erradicação definitiva.

Os números não deixam dúvidas: ainda existem muitas pessoas vivendo em condições sub-humanas; ainda existem muitas pessoas vivendo em situação de extrema pobreza social.

Como mudar?

Hoje, em pleno século XXI, precisamos despertar para o panorama social de nosso país. Faz-se necessária a aplicação de políticas públicas que efetivamente funcionem, seja para corrigir desvios de percurso, seja, finalmente, para ampliar a proteção aos trabalhadores. Faz-se necessário criar programas sociais e educacionais que possam amparar os trabalhadores resgatados (nacionais e estrangeiros), inserindo-os no mercado de trabalho decente, em que as leis trabalhistas sejam respeitadas.

No entanto, não bastam apenas ações e programas vinculados às políticas públicas para que os direitos sociais próprios de uma sociedade que se considere democrática e inclusiva sejam acessíveis a todos. É necessário que cada um de nós atue na sociedade como um agente transformador, divulgando conhecimentos de situações e atitudes desumanas vivenciadas em nosso meio social.

Você é um desses agentes transformadores. Olhe ao redor. Converse com seus familiares. Troque informações para criar uma sociedade realmente democrática. Vamos construir um Brasil sem trabalho escravo no século XXI.

Referências bibliográficas

ANDRADE, Mário de. *Aspectos da literatura brasileira*. São Paulo: Martins, 1974.

ARENDT, Hannah. *A condição humana*. 10. ed. Rio de Janeiro: Forense Universitária, 2005.

BOCCI, Diego Segobia. *Geografia e migrações:* o caso dos haitianos no município de São Paulo. 2015. Dissertação (Mestrado em Geografia). Pontifícia Universidade Católica de São Paulo. In: https://sapientia.pucsp.br/handle/handle/12329.

CUNHA, Antônio Geraldo. *Dicionário Etimológico Nova Fronteira da Língua Portuguesa*. 2. ed. Rio de Janeiro: Nova Fronteira, 1986.

FIGUEIRA, Ricardo Resende; PRADO, Adonia Antunes; JUNIOR, Horácio Antunes de Sant'Ana (org.). *Trabalho escravo contemporâneo*. 1. ed. Rio de Janeiro: Mauad X, 2011.

FINLEY, Moses I. *Escravidão antiga e ideologia moderna*. Rio de Janeiro: Graal, 1991.

HARARI, Yuval Noah. *Sapiens* – Uma breve história da humanidade. 9. ed. Porto Alegre: L&PM.

MACEDO, José Rivair. *Movimentos populares na Idade Média*. São Paulo: Moderna, 2013.

MUNANGA, Kabengele. *Origens africanas do Brasil contemporâneo*. 1. ed. São Paulo: Global, 2007.

PINSKY, Jaime; PINSKY, Carla Bassanezi (org.). *História da cidadania*. São Paulo: Editora Contexto, 2010.

QUEVEDO, Júlio; ORDOÑEZ, Marlene. *A escravidão no Brasil*: trabalho e resistência. 2. ed. São Paulo: FTD, 1999.

RIBEIRO, Darcy. *O povo brasileiro*. 2. ed. São Paulo: Companhia das Letras, 2004.

SCHWARCZ, Lilia Moritz. *Cai o império! República vou ver!* 3. ed. São Paulo: Brasiliense. 1998.

SOUSA, Antonio Bonifácio Rodrigues de. *Ética e cidadania na educação*. 2. ed. São Paulo: Paulus, 2011.

TREVISAM, Elisaide. *Trabalho escravo no Brasil contemporâneo* – entre as presas da clandestinidade e as garras da exclusão. Curitiba: Juruá, 2015.

BBC. *Revista História*, ano 1 – Edição n. 4. Tríada.

Revista Nossa História, ano 2 – Edição n. 19 – maio 2005, p. 17, 18, 19 e 20.

Revista Nossa História, ano 2 – Edição n. 24 – outubro 2005, p. 12, 16, 56, 57, 58, 59 e 60.

Referências da *web*

Brasil de Fato: *uma visão popular do Brasil e do Mundo*. www.brasildefato.com.br.

Brasil. Cidadania e Justiça. *Direitos fundamentais e humanos marcam texto constitucional de 1988*. Publicado: 5/10/2018. https://tinyurl.com/y577kdtx.

Brasil. Ministério Público do Trabalho. *30 anos da Constituição Federal: Atuação do MPT – 1988 – 2018* https://tinyurl.com/y5hd962t.

Comissão Pastoral da Terra. www.cptnacional.org.br.

Grupo de Pesquisa Trabalho Escravo Contemporâneo. www.gptec.cfch.ufrj.br.

Marina Wentzel. *O que faz o Brasil ter a maior população de domésticas do mundo*. Redação: 26/2/2018. https://www.bbc.com/portuguese/brasil-43120953.

Nexo. Jornal digital. www.nexojornal.com.br.

Observatório do clima. *O que é grilagem e o que ela tem a ver com o desmatamento na Amazônia*. Redação: 6/8/2017. https://www.oeco.org.br/blogs/salada-verde/o-que-e-grilagem-e-o-que-ela-tem-a-ver-com-o-desmatamento-na-amazonia/.

Repórter Brasil. *Escravo, nem pensar!: Programa Brasil Alfabetizado*. http://escravonempensar.org.br/wp-content/uploads/2017/11/Cartilha-Trabalho-Escravo-para-site.pdf.

Repórter Brasil. *Escravo, nem pensar!: Uma abordagem sobre o trabalho escravo contemporâneo*. https://tinyurl.com/y6a4e5mk.

Todos os *links* deste livro foram acessados em: 28 ago. 2019.

Sobre os autores

Eu sou a **Edimar**. Sou formada em Ciências Sociais, pós-graduada em História e Cultura Africana e Afro-brasileira e Professora do Ensino Fundamental II e Médio em escolas públicas e particulares.

Uma das coisas de que mais gosto é ler bons livros. Gosto também de ouvir boas músicas, assistir bons filmes e fazer um pouco de caminhada no dia a dia.

Escrever livros também é uma paixão! Acredito ser esta uma forma de partilhar os conhecimentos adquiridos pela vida.

Muito prazer, sou a **Sandra**! Sou formada em Física e Doutorada em Astrofísica Estelar pela Universidade de São Paulo. Sempre busquei compreender o mundo ao meu redor e tenho paixão pela pesquisa e pelo conhecimento.

Durante um curto período, trabalhei na escola pública como professora de Física. Esse contato com os alunos me levou a analisar os livros utilizados na escola. Como resultado, comecei a escrever paradidáticos e didáticos de Ciências.

Nos últimos anos, algumas inquietações e reflexões sobre a sociedade em que vivemos despertaram meu interesse pelas questões sociais e pelos Direitos Humanos.

Olá, sou o **Wagner**. Foi no Ensino Médio que comecei a me interessar pelos diferentes aspectos da condição humana e a me questionar sobre as causas sociais, econômicas, políticas, culturais e psicológicas responsáveis pela existência de sociedades tão desiguais.

A escolha da disciplina de História em minha primeira graduação foi o passo inicial em busca de respostas razoáveis para esse drama.

Posteriormente, ao adotar o magistério como profissão, me graduei em Pedagogia. Hoje, após trinta e três anos de convivência com mestres e educandos do ensino fundamental e médio em escolas públicas, busco, por intermédio desta obra, abrir espaço para reflexões e debates a respeito de uma forma de exploração que muitos acreditam extinta na sociedade contemporânea: a escravidão.